십자가의 길 중급반 학교시리즈 ③

중급3

지/도/자 훈련학교

목자가 리더가 되면 목장원이 리더가 되고 목장원이 리더가 되면 목장이 번식한다.

지도자훈련학교에서는 쉽게 교회에서 적용할 수 있는 훈련프로그램을 개발하여 많은 성도들이 은혜롭게 복음 전파의 사명을 감당하며 또 다른 성도를 양육하고 훈련하는 리더로 변화될 것입니다.

중원 C.M.C.

평신도 리더훈련 교재

지도자훈련학교

지은이 _ 권영구
초판 발행 _ 2009년4월 25일
펴낸 곳 _ 도서출판 중원 C.M.C.
등록번호 _ 제 390-2004-00006호
주소 _ 경기도 광명시 광명4동 158-536
전화번호 _ 02) 2617-2044
FAX _ 02) 2060-0160
홈페이지 _ www.cross9191.com / www.jwch.net
구입문의 _ 02) 2617-2044, 2685-0423

ISBN 978-89-91822-32-0
값 5,000원

지도자훈련학교

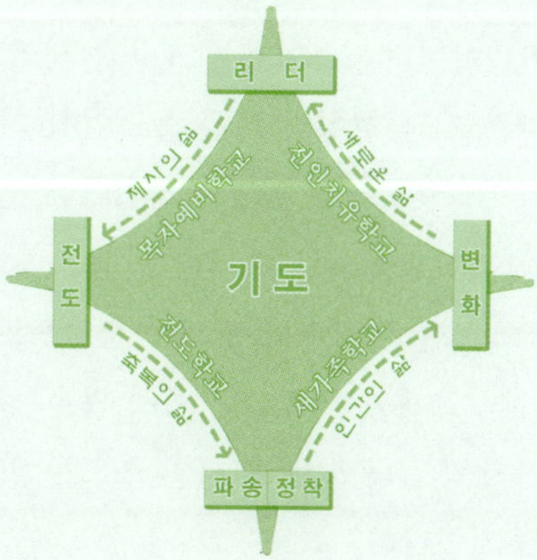

중원 C.M.C.

머리말

교회의 사명은 복음 전파입니다. 이 사명을 완수하기 위해서 우리는 여러 가지 좋은 방법을 찾아서 나아갑니다. 그래서 교회는 예배, 기도, 헌신, 전도, 성경 공부, 제자 훈련 등을 효과적으로 목표를 달성하기 위해서 십자가의 길 양육시스템을 하는 것입니다. 이렇게 함으로써 하나님의 명령인 복음 전파와 영혼 구원을 많이 이룰 수 있습니다.

많은 교회들이 복음 전파를 하기 위해서는 사람을 발굴하고 훈련시켜야 한다고 생각하고 제자 훈련을 하고 있습니다. 그런데 그 효과가 미미합니다. 그 이유는 교육은 시키고 있지만 훈련이 되지 않고 있다는 것과 현실과 너무 동떨어진 이론으로 성도들이 움직일 수 없는 교육을 하고 있다는 것입니다.

지도자훈련학교에서는 이러한 단점을 극복하여 쉽게 교회에서 적용하고 성도를 지도자로 만드는 훈련프로그램을 개발했습니다. 그러므로 이 교재를 사용하면 즉시 많은 성도들이 은혜롭게 복음 전파의 사명을 감당하며 또 다른 성도를 양육하고 훈련하는 리더로 변화될 것입니다.

많은 성도들 중에서 지도자로 만들 사람을 찾고, 그 사람들을 모아서 효과적인 교육과 훈련을 시킨다면 충성스런 교회 지도자들이 탄생하게 됩니다. 그래서 하나님의 뜻인 사람을 구원하는 그리스도인을 많이 배출하여 사역을 하게 하므로 하나님이 기뻐

하시고, 교회에는 큰 힘이 되고 유익이 되며 성장하게 되는 것입니다.

필자가 이러한 효과적인 방법을 얻을 수 있었던 것은, 교회를 개척하여 27년 동안 수많은 방법들을 적용하여 실패와 성공을 거듭하면서 얻어진 지혜입니다. 이 교재를 각 교회에서 사용하시면 많은 결실을 하게 될 것입니다.

2009년 4월 11일

서재에서 권영구 목사

■■■ Contents

제 1 과

지도자를 세우는 교회

암송구절

(딤후 2:15) "너는 진리의 말씀을 옳게 분별하며 부끄러울 것이 없는 일꾼으로 인정된 자로 자신을 하나님 앞에 드리기를 힘쓰라"

현재와 미래의 교회에서는 앞으로 평신도 지도자가 많은 교회가 하나님의 뜻을 이루어 드릴 수 있다고 봅니다. 선진국의 교회들은 성도들이 영적인 부족함을 많이 느끼고 있습니다. 그 이유는 성도들에게 말씀과 성령 충만을 충분하게 경험시키는 목회자가 부족하여 성도들이 하나님의 살아 계심을 확신하지 못하고 있기 때문입니다. 그래서 분주하거나 힘든 일이 생기면 교회를 떠나 버립니다. 이러한 폐단은 한국교회에서도 나타나고 있습니다.

교회의 계속적인 성장을 원한다면 성도들을 훈련시켜서 하나님을 경험하게 하고, 지도자로 세워서 사역을 맡겨야 합니다. 그러면서 지속적으로 재생산하는 시스템을 가동시켜야 합니다. 이러한 중요성을 인식하고 지도자를 세우는 일에 전력하는 교회는 계속해서 부흥할 것입니다.

예수님은 처음부터 제자 삼는 사역을 하셨습니다. 그리고 3년 동안 훈련시키셨습니다. 성령 충만하게 하는 기도를 하게 하셨고, 그 다음에 사역을 맡기셨습니다. 이런 일들은 복음을 전파하는 일꾼을 만드는 과정입니다. 예수님은 지혜로우셨습니다. 그러므로 각 교회들도 예수님처럼 지도자를 만드는 일에 전심전력해야 합니다.

1. 예수님의 중점 사역

차세대 교회 지도자를 발굴하는 일을 하셨습니다.

1) 제자를 부르셨습니다.

첫째, 순종하는 사람을 찾았습니다.

둘째, 충성하는 사람을 가까이 두셨습니다.

셋째, 열심이 있는 사람에게 맡기셨습니다.

2) 천국 복음을 가르치셨습니다.

3) 기도하라고 하셨습니다.

4) 전도하라고 하셨습니다.

5) 가르쳐 지키게 하라고 하셨습니다.

2. 초대교회의 중점 사역

1) 모여서 기도하는 일을 하였습니다.

2) 하나님의 말씀을 들었습니다.

3) 전도하는 사역을 하였습니다.

4) 교회를 세워 나갔습니다.

5) 다른 사람에게 교회를 맡겨 사역하게 했습니다.

3. 현대교회의 중점 사역

1) 예배 사역

2) 교회에서의 봉사 사역

3) 전도 사역

4) 기도 사역

5) 성경 공부 사역

6) 제자 삼는 사역

7) 교회의 평신도 지도자를 세우는 사역

4. 현대교회가 지향해야 할 일

1) 말씀 중심의 제자를 선택하는 일입니다.

2) 제자를 잘 가르치는 일입니다.

3) 훈련을 하여 사역을 맡기는 일입니다.

기도 훈련

찬송 훈련

말씀 양육 훈련

전도 훈련

소교회 사역 훈련

4) 소그룹교회의 지도자로 세우는 일입니다.

교회의 일은 혼자 하지 못합니다. 교회는 지도자를 찾고 훈련시키고 사역을 맡겨 파송해야 합니다.

◐ 과제물 ◑

• 일주일 동안 매일 한 시간씩 성경을 읽고, 몇장을 읽었으며 어디서 어디까지 읽었는지 기록해 오십시오.

제2과

성경 암송 훈련

암송구절

(딤후 3:16) "모든 성경은 하나님의 감동으로 된 것으로 교훈과 책망과 바르게 함과 의로 교육하기에 유익하니"

예수님이 처음 하신 것은 천국 복음의 전파였습니다. 그러므로 교회도 성경을 읽게 하고 가르치는 일에 열심을 내야 합니다. 성도에게 성경 지식이 없으면 믿음이 성장하지 않습니다. 또 열심히 하려는 마음도 생기지 않습니다. 어떤 일을 맡겨도 조금 하다가 쉽게 포기합니다. 그리고 조그만 시험도 이기지 못하며 이단에 쉽게 빠집니다. 이런 것을 예방하기 위해서 성경을 많이 읽게 하고 가르쳐야 합니다.

우리 성도들은 성경구절을 많이 암송하지 못합니다. 그런데 이단들은 자신들이 필요한 성구를 뽑아서 많이 암송하고 있습니다. 그래서 우리가 그들과 성경 말씀으로 논쟁을 벌여서 이긴다 해도 그들은 쉽게 이단에서 나오지 않는다는 것입니다. 그런데 우리 성도들은 이단에게서 성경 공부를 받으면 쉽게 넘어간다는 것입니다. 그 이유가 성도들의 성경구절 암송 부족입니다.

성도들이 성경구절을 많이 암송하고 있으면 하나님의 말씀이 자신의 마음속에 새겨지는 것입니다. 그렇게 되면 이 말씀이 사상이 되고 힘이 되어서 자신의 영혼과 마음과 육체를 이끌어 나갑니다. 말씀이 등불이 되고 빛이 되어서 영생과

복된 길로 인도하는 것입니다. 그래서 세상과 마귀를 쉽게 이기고 승리하는 삶과 성공하는 삶을 살게 됩니다.

1. 6개월에 성경 일독하기

1) 매일 일곱 장씩을 읽어야 합니다.
2) 일곱 장을 읽지 못하면 다음날 아침 금식해야 합니다.
3) 자신과의 싸움에서 이기지 못하면 승리하지 못합니다.
4) 이렇게 해야 믿음과 정신이 강해지고 마귀를 이길 수 있습니다.

목사님이 시작하는 날과 끝마치는 날을 정하고 선포해야 합니다. 일찍 읽은 사람에게는 선착순으로 시상을 합니다.

예) 목자 성경 읽기 대회

일시 : 2009년 1월 1일 ~ 6월30일까지
목표 : 성경 일독하기
시상 : 선착순 10명에게 5만원짜리 도서상품권 지급

2. 성경구절 암송을 시켜야 합니다.

1) 목사님이 200절을 적어주고, 그중에 100절을 암송하는 사람에게는 전교인 앞에서 특별 시상을 합니다.

예) 목자 성구 암송 대회

일시 : 2009년 7월 1일 ~ 12월31일까지
시상 : 특별 목자로 임명, 5만원짜리 도서상품권 지급
성경 읽은 후 독후감 써 내기
성경 읽은 후 큐티 한 내용 써 내기
성구를 암송하고 받은 은혜 간증하기
성도들 앞에서 성구 암송 발표하기

이 과정을 모두 하게 해야 합니다. 하지 못한 사람에게는 불이익을 주어야 합니다.

통과한 사람은 교인들이 볼 수 있도록 게시판에 이름을 공고하여서라도 모두 하도록 해야 합니다.

◐ 과제물 ◑

예수님이 가르쳐 주신 기도문 순서대로 A4용지 두 장 분량에 개인기도를 적어 오십시오.

제3과

예수님의 기도 적용 훈련

암송구절

(마 6:9-13) "[9] 그러므로 너희는 이렇게 기도하라 하늘에 계신 우리 아버지여 이름이 거룩히 여김을 받으시오며 [10] 나라가 임하시오며 뜻이 하늘에서 이루어진 것 같이 땅에서도 이루어지이다 [11] 오늘 우리에게 일용할 양식을 주시옵고 [12] 우리가 우리에게 죄 지은 자를 사하여 준 것 같이 우리 죄를 사하여 주시옵고 [13] 우리를 시험에 들게 하지 마시옵고 다만 악에서 구하시옵소서 (나라와 권세와 영광이 아버지께 영원히 있사옵나이다 아멘)"

예수님이 가르쳐 주신 기도는 영적인 생명을 주며 그 생명을 영원히 유지하는 능력이 있습니다. 그러므로 예수님이 "너희는 이렇게 기도하라"고 하신 말씀에 순종해야 합니다. 그렇게 순종하면 자신의 영혼과 마음에 큰 변화가 있을 것입니다.

예수님의 기도를 따르면 자신의 영성이 회복됩니다. 그리고 마음이 치유되고 회복됩니다. 육체의 질병이 치료됩니다. 이것뿐만 아니라 자신의 삶에 중요한 것이 무엇인지 목표가 정해지고 가치관이 확립됩니다.

목자는 예수님이 가르쳐 주신 기도의 가치를 깨닫고, 각 순서의 주제를 파악하여 올바르게 기도하고, 또 다른 사람에게 기도를 가르쳐 주어야 합니다. 그렇게 하려면 먼저 정확하게 배우고 연습하여 올바른 기도를 드려야 할 것입니다.

여기서는 목자를 교회 지도자로 만들기 위한 여러 가지 교육 중 특히 기도에 대해서 정확하게 알고 실천하게 하려 합니다.

주기도문의 순서를 인용하여 기도를 하면 많은 영혼들을 살리고, 하나님 앞에서 순수하고 깨끗한 영혼들로 만들 수 있습니다. 또 다른 사람에게 쉽게 가르치고 훈련하여 하나님의 일꾼으로 만들 수 있습니다.

예수님의 기도문 하나로 세계교회를 변화시킬 수 있고 부흥시킬 수 있습니다. 이렇게 주기도문은 사람과 교회에 영향을 주고 능력이 있습니다.

1. 예수님이 가르쳐 주신 기도의 핵심 내용 설명

1) 피조물은 하나님의 이름을 거룩하게 해야 합니다.

2) 사람에게 하나님의 나라가 임하는 것이 제일 중요합니다.

3) 피조물인 사람은 하나님의 뜻이 이루어지기를 기도하고, 또 자신의 뜻을 이루는 것이 아니라 하나님의 뜻을 깨닫고 이루어 드리는 성도가 되어야 합니다.

4) 사람에게 필요한 육신의 양식도 하나님이 주셔야 얻을 수 있습니다. 또한 육신에게 필요한 모든 것을 하나님으로부터 공급받아야 합니다.

5) 성도들은 다른 사람을 반드시 용서해야 합니다.

6) 그리고 자신의 죄를 고백해야 죄 사함을 얻을 수 있습니다. 자신의 죄를 하나님께 사함 받는 것은 매우 중요한 일입니다.

7) 마귀가 자신을 시험하지 못하도록 하나님께 보호 요청을 해야 합니다.

8) 모든 사람은 악 속에 빠져 있습니다. 이 악에서 구출을 받아야 영혼도 살고 육신도 잘 됩니다. 그러므로 악에서 구해 달라고 간청해야 합니다.

9) 성도들이 세상에서 성공한 것도 자신이 이룬 것이 아니라 하나님의 도우심으로 인한 것입니다. 그러므로 자신은 감추고 나라와 권능과 영광을 하나님께 돌려야 합니다.

10) 중보자이신 예수님의 이름으로 기도해야 합니다. 그래야 겸손해집니다.

2. 실전 기도 훈련

1) 한 명씩 나와서 기도를 하게 합니다.

2) 잘못된 부분을 코치합니다.

3) 다른 사람들도 그 자리에서 수정하게 합니다.

◐ 과제물 ◑

다음 질문에 대한 답변을 A4용지 한 장에 적어 오십시오.

1. 한 달에 며칠 새벽기도회에 참석합니까?

2. 하루에 몇 분 정도, 어디서 기도하십니까?

3. 마귀와 싸우는 기도를 언제, 어디서, 어떻게 해 보았습니까?

4. 금식기도는 몇 번, 며칠씩 어떻게 해 보았습니까?

5. 철야기도는 언제, 어디서, 어떻게 해 보았습니까?

제4과

개인기도 훈련

암송구절

(계 8:3-4) "또 다른 천사가 와서 제단 곁에 서서 금 향로를 가지고 많은 향을 받았으니 이는 모든 성도의 기도와 합하여 보좌 앞 금 제단에 드리고자 함이라 향연이 성도의 기도와 함께 천사의 손으로부터 하나님 앞으로 올라가는지라"

예수님은 기도하지 않으셔도 전지전능한 분이십니다. 그런데도 제자들이 보는 데서 새벽에 일어나 기도하시고, 산에 올라가서 기도하셨습니다. 마태복음 4장에서는 40일 금식기도도 하셨고, 겟세마네 동산에서는 철야기도도 하셨습니다. 이렇게 다양하게 기도하는 모습을 보여주신 것은, 기도가 꼭 있어야 하나님의 일을 할 수 있다는 것을 제자들의 마음에 새겨 주시기 위함이었습니다.

하나님의 일은 작은 일이든 큰 일이든 영적인 일입니다. 그래서 마귀가 그 일을 하지 못하도록 방해를 합니다. 이것을 알고 계신 예수님은 우리에게 기도만이 해결책이라는 것을 알려주십니다. 그러므로 교회의 평신도 지도자들은 개인기도를 하루에 1시간 이상 해야 합니다.

하나님의 일꾼이 되고 교회의 목자가 되어 평신도 지도자가 되려면 반드시 여러 가지 기도의 방법을 배워서 매일 기도해야 합니다. 그러면서 살아계신 하나님도 경험하고, 더욱 신앙이 깊어지고 즐거움을 느끼게 됩니다.

교회는 평신도 지도자들에게 다양한 기도 훈련을 시켜 하나님을 경험하게 해야 합니다. 그래서 자신감 있게 신앙생활하게 하고, 또 다른 성도를 양육하고 가르치도록 해야 합니다. 그래야 하나님의 나라가 확장되어 하나님이 기뻐하시는 교회가 되고, 또 교회가 성장하여 많은 영혼을 구원할 수 있습니다.

1. 새벽기도회 참석 훈련

1) 목자 새벽기도회를 합니다.

예) 목자 특별 새벽기도회

일 시 : 2009년 5월 1일 ~ 7일까지

장 소 : 교회 본당

대 상 : 목자들 전원

동 원 : 조장이나 교구장이 책임지고 새벽에 깨워서 참여시킵니다.
자동차 운행을 합니다.
새벽기도 작성 서약을 시킵니다.
매일 게시판에 출석 표시를 하게 합니다.

후속조치 :기도회가 끝난 후 은혜 받은 것이나 응답 받은 것을 간증하게 합니다.

2) 전교인 특별 새벽기도회를 합니다.

전교인 특별 새벽기도회를 1년에 2번 실시하면서 목자와 목장원들이 참석하도록 합니다.

2. 1시간 이상 기도 훈련

1) 목자 개인이 매일 1시간 이상 기도하도록 작정시킵니다.

하루 모두 합하여 최소 한 시간 이상 기도하면 목자는 힘 있는 신앙생활을 하게 됩니다. 2시간 이상 기도하면 능력 있는 신앙생활을 합니다.

2) 혼자서 한 시간을 하기 어려우면 목장원들끼리 장소를 정하여 매일 기도 모임을 가지고 한 시간씩 기도합니다. 여럿이 함께 하면 기도하기가 더 쉬워집니다.
3) 한 시간을 하려면 많은 기도 제목을 준비해야 합니다.
4) 방언으로 기도하면 한 시간은 빨리 지나갑니다.
5) 기도하기 싫어도 한 시간은 그 자리에 앉아 있어서 몸에 습관이 되도록 합니다.

3. 영적 승리기도 훈련

1) 마귀는 목자를 쓰러뜨리려고 기도하지 못하게 방해합니다.

2) 목자가 기도를 하지 않으면 마귀의 밥이 되는 것입니다.

3) 목자는 한 시간 이상 기도해야 마귀를 이긴다는 것을 명심해야 합니다.

4. 금식기도 훈련

1) 목자는 매월 하루 금식기도를 해 보도록 합니다.

2) 일 년에 한 번 정도는 3일 금식기도를 하게 합니다.

3) 금식기도를 통해서 많은 영성 회복과 영적 유익이 있다는 것을 배우게 합니다.

4) 성경의 금식기도를 교육합니다.

5) 금식할 때의 주의사항을 교육합니다.

6) 금식기도의 유익을 교육합니다.

5. 철야기도 훈련

1) 목자는 철야기도를 해 보아야 합니다.

2) 한 달에 몇 번은 한다고 작정해야 합니다.

3) 혼자하기 싫으면 목장원과 함께 하든지 다른 목자들과 연합으로 하면 좋습니다.

6. 통성기도 훈련

1) 통성기도는 자신의 심령을 시원하게 합니다.

2) 부르짖는 기도는 성령님의 역사를 빨리 경험하게 합니다.

3) 목자는 통성기도와 묵상기도를 할 줄 알아야 합니다.

4) 통성기도는 마귀를 내쫓습니다.

7. 묵상기도 훈련

1) 목자는 조용히 기도할 줄도 알아야 합니다.

2) 하나님을 깊이 생각하면서 묵상할 줄도 알아야 합니다.

3) 묵상기도를 통해서 영적인 깊은 세계로 들

어갈 수 있습니다.

4) 환경과 주변 분위기에 맞게 기도해야 합니다.

8. 성령충만 기도 훈련

1) 목자는 항상 성령충만을 놓고 기도해야 합니다.

2) 목자는 목장원도 성령충만 받도록 기도시켜야 합니다.

9. 목자는 자신의 개인 기도계획서를 작성하여 보고합니다.

10. 개인기도 한 시간 하기 훈련

◐ 과제물 ◑

1. 목장에서 기도회를 어떻게 인도하는지 알고 있는 대로 기도 순서와 방법을 적어 오십시오.

2. 기도회를 인도할 때 어떻게 하고 있는지 기도 순서와 방법을 적어 오십시오.

3. 효과적인 기도 순서와 방법을 제시해 주십시오.

제5과

기도회 인도 훈련

암송구절

(마 18:20) "두세 사람이 내 이름으로 모인 곳에는 나도 그들 중에 있느니라"

목자나 예비목자는 기도회를 인도할 줄 알아야 합니다. 기도회를 잘 인도하면 지루하지 않고 시간도 빨리 지나갑니다. 그러나 기도회를 지루하게 인도하면 시간도 더디 가고, 또 시간이 아깝다고 생각해서 다음에는 다시 참여하고 싶은 생각이 들지 않습니다. 그러므로 지도자는 기도회를 은혜롭게 인도하는 방법을 배워야 합니다.

기도회를 은혜롭게 인도하기 위해서는 먼저 이론과 실기를 배우고 실습을 해보아야 합니다. 영적인 분위기와 찬송의 은혜가 있어야 하고, 기도회를 연구하여 주제에 맞게 그리고 은혜롭게 인도해야 합니다.

자신의 음색과 스타일이 다른 성도의 마음에 들지 않는다면 배워서라도 잘 하려고 해야 합니다. 이런 사람은 발전합니다. 좋은 인도자는 하나님에게 매우 소중한 사람이고, 여러 성도의 마음과 영혼을 행복하게 하는 사람입니다.

열심히 연습하고 노력하면 됩니다. 누구나 기도하고 노력하면 하나님이 도우셔서 잘 하게 되어 있습니다. 재능과 능력이 없어도 하나님께 기도하여 받으면 잘 할 수 있습니다. 또 그렇게 하면서 자신의 실력이 향상되는 것입니다.

소그룹에서 기도회를 인도하여 여러 사람에게 기쁨을 주는 일은 행복한 일입니다. 그러므로 열심히 배워서 기도회를 은혜롭게 인도해야 합니다.

1. 장소 선택

1) 모이는 곳이 어떤 곳인지를 파악해야 합니다. 기도회를 통성으로 인도해도 될 곳인지 아닌지를 파악해야 합니다.
2) 장소에 맞게 기도회를 인도합니다.

2. 기도회 준비

1) 인도자는 기도회에 성령님이 함께 하시도록 충분히 기도로 준비합니다.
2) 인도하는 곳에 성령님이 역사해 주시도록 충분히 기도합니다.
3) 사람들이 많이 모일 수 있도록 적극적으로 연락합니다.
4) 함께 기도할 내용의 주제를 설정하여 메모합니다.

5) 뜨겁게 인도할 것인지 조용하게 할 것인지를 정합니다.

3. 기도회 인도에 방해가 되는 요인을 제거합니다.

1) 전화기 코드를 뽑아야 합니다.

2) 아이들 돌봐주는 사람을 정하고 다른 방에서 함께 놀게 합니다.

3) 가스렌지 위에 음식물을 올려놓아 기도회 중에 방해 받지 않도록 합니다.

4) 기도회 외의 다른 모든 일을 일시 정지합니다.

4. 기도회 인도

1) 인도자가 기도 제목을 불러주고 모두 큰 소리로 기도하게 합니다.

큰 소리로 기도하는 훈련을 받으면 마음이 시원해지는 은혜를 받습니다. 그리고 기도에 대한 두려움을 없게 합니다.

2) 인도자는 다른 사람보다 큰 소리로 기도하

여 목장원들이 따라서 크게 기도하게 해야 합니다.

3) 기도를 시킬 때 몇 분을 하겠다고 시간을 정해줍니다.

4) 기도제목은 한 번에 하나씩 주는 것이 더 효과적입니다.

5) 한 제목 기도가 끝나고 다음 기도 제목으로 넘어갈 때, 인도자가 다시 기도 제목을 알려줍다.

6) 모두 끝나고 나서 짧은 찬송 한 곡을 부른 후, 인도자가 마무리 기도를 짧게 하고 끝내면 더 은혜롭습니다.

5. 개인기도 제목 집중기도

1) 개인기도 제목을 물어봅니다.

2) 기도 제목을 내놓은 당사자를 가운데 앉아 있게 하고 집중으로 기도해 줍니다.

3) 기도 인도자가 큰소리로 기도하여 다른 사람도 따라서 크게 하도록 해야 합니다.

6. 기도 인도 실습

◐ 과제물 ◑

1. 목장에서 찬송을 인도할 때 메들리로 하고 있습니까, 아니면 한 장씩 끊어서 하고 있습니까?

2. 곡을 선정할 때 목장원이 알고 있는 곡을 선정합니까?

3. 곡을 선정할 때 같은 장조로 합니까, 아니면 관계없이 합니까?

4. 곡을 선정할 때 말씀나누기 내용과 관련된 곡을 선정합니까, 아무것이나 은혜로운 곡을 선정합니까?

5. 목장에서 찬송을 인도하는 방법을 적어 주십시오.

제6과

찬송 인도 훈련

암송구절

(고전 14:15) "그러면 어떻게 할까 내가 영으로 기도하고 또 마음으로 기도하며 내가 영으로 찬송하고 또 마음으로 찬송하리라"

찬송을 인도하는 것은 쉬운 일인 것 같아도 실제로 인도해 보면 어렵다는 것을 느끼게 됩니다. 그래서 찬송 인도법을 배우는 것이 좋습니다.

성악을 전공하거나 천성적으로 노래를 잘하거나 악기 연주를 배운 사람은 배우지 않은 사람보다는 쉽게 잘 인도합니다. 그러나 찬송가의 특성을 살려서 성도의 마음을 은혜롭게 하는 인도는 누구에게나 어렵습니다. 그래서 찬송 인도법을 배우는 것이 필요합니다.

찬송가나 복음성가는 그 곡의 특징이 있습니다. 그 곡의 흐름과 가사의 흐름, 그리고 부르는 사람의 감정과 기술로 인해 더 은혜로운 찬송이 됩니다.

리더나 인도자들이 찬송 인도법을 배워서 찬송한다면 맡겨진 사명을 더 잘 감당할 수 있습니다. 그러므로 이런 훈련은 꼭 필요합니다. 교회의 소그룹 지도자는 찬송을 은혜롭게 부를 줄 알고 또 인도할 줄도 알아야 합니다.

찬송을 잘 인도하면 목장원들이 은혜가 충만해집니다. 찬송 속에서 성령님의 임재도 느낄 수 있습니다. 그리고 마귀가 도망가기도 합니다. 찬송은 사람의 심령을 변화시키고 새 힘을 주기도 합니다. 또한 목장원들이 찬송을 배워서 부르므로 그들의 심령이 은혜와 복을 받습니다.

1. 찬송가 인도 훈련의 목적

1) 전문가 만들기

2) 은혜로운 찬송 인도하기

3) 목장원을 은혜 받게 하고 재생산하기

2. 은혜로운 찬송 인도

1) 가사 선택

가사 내용이 신앙적이어야 합니다.
가사를 모두가 알고 있는 것으로 해야 합니다.
가사가 현실의 삶과 맞는 내용이어야 합니다.
가사가 암기하기 쉬운 것이어야 합니다.

2) 곡 선택의 신중성

부르기 쉬운 곡을 선정합니다.
한번 들으면 따라할 수 있는 곡을 선정합니다.
연속으로 부를 때는 같은 장조나 단조를 선택합니다.
연속으로 부를 때 곡의 흐름이 같은 것으로 합니다.

3) 곡 선정할 때 주의할 점

목장원이 모르는 곡을 선곡하지 말아야 합니다.
음이 높은 것을 선곡하지 말아야 합니다.
혼자서 리사이틀 하지 말아야 합니다.

3. 찬송 인도자의 자세

1) 자신보다 먼저 목장원을 생각합니다.

2) 목장원이 불러서 유익한 곡을 선정합니다.

3) 목장원이 배워서 유익한 곡을 선정합니다.

4) 목장원이 은혜 받을 곡을 선정합니다.

4. 찬송 인도 방법

1) 가사 하나 하나에 감정을 실어야 합니다.

2) 빠르게 느리게를 적절하게 조절해야 합니다.

3) 가사를 불러주거나 멘트를 넣어야 합니다.

4) 손뼉을 칠 수 있는 곡은 치면서 합니다.

5. 찬송인도 훈련

◐ 과제물 ◑

1. 말씀사역 준비를 어떻게 하고 있습니까? 구체적으로 적어 주십시오.

2. 목장에서 말씀사역을 어떻게 하고 있는지 구체적으로 적어 주십시오.

제 7 과

말씀사역 인도 훈련

암송구절

(눅 24:32) "그들이 서로 말하되 길에서 우리에게 말씀하시고 우리에게 성경을 풀어 주실 때에 우리 속에서 마음이 뜨겁지 아니하더냐 하고"

성경말씀을 전한다는 것은 매우 중요한 일입니다. 그리고 어려운 일입니다. 그러나 어려운 것도 배우고 나면 쉬운 것입니다. 목장의 지도자들은 말씀나누기 사역을 잘 인도하는 훈련을 받아야 합니다. 그래서 많은 사람에게 말씀으로 영향을 받게 함으로써 영혼과 마음을 살리고 평안하게 하고 힘을 얻게 하고 진리를 깨닫게 해야 합니다.

말씀을 잘 인도하는 일은 사역하는데 꼭 필요한 일입니다. 그렇게 하려면 지도자 자신이 말씀을 많이 읽어 깨달음이 많아야 하고, 또 과제물을 열심히 읽고 깨닫고 실천해야 합니다. 자신이 행함으로 진리의 말씀이 유익이 되었다는 것을 느껴야 확신을 가지고 전하는 것입니다.

하나님의 말씀은 살아 있고 능력이 있어서 누구든지 배우고 깨닫고 실천하면 복이 됩니다. 누가복음 11장 28절에 "예수께서 이르시되 오히려 하나님의 말씀을 듣고 지키는 자가 복이 있느니라" 고 말씀하셨습니다. 이와 같이 목자가 먼저 지켜서 복을 받고 목장원들에게 간증해야 합니다.

하나님을 믿고 전하는 일이 우리가 하는 일입니다. 예수님께서 "성령을 받으면 증인이 되라"고 말씀하셨습니다. 그래서 우리는 먼저 실천하여 복을 받고 다른 사람에게 전하는 것입니다.

목자에게 이러한 경험이 많아야 합니다. 그러기 위해서는 말씀을 더 많이 배우고 암송하고 실천해야 합니다.

1. 말씀사역 준비

1) 다음에 토의할 말씀을 여러 번 읽어 봅니다.

2) 그 뜻을 깨달으려고 많은 생각을 합니다.

3) 기도를 하면서 그 말씀의 뜻을 깨닫게 해 달라고 성령님께 구합니다.

4) 목장원 전원이 말씀을 읽고 깨닫고 준비해 오기를 기도합니다.

5) 말씀을 논할 때 성령님이 함께 하셔서 은혜 주시기를 기도합니다.

6) 질문의 답을 기재해 옵니다.

2. 말씀사역 시 주의 사항

1) 주제에서 벗어나지 않아야 합니다.

2) 성경을 자기 기준에 맞추거나 해석하지 않아야 합니다.

3) 성경해석을 비유로 푼다거나 영해로 푸는 일을 하지 말아야 합니다.

4) 본문에서 해석한 것에 충실해야 합니다. 그렇지 않으면 그 과의 목적이 달라집니다.

5) 본문과 관계없는 내용을 말하거나 논하지 말아야 합니다.

3. 말씀사역하기

1) 성경을 여러 사람이 정확하게 한 목소리로 읽게 합니다.

2) 질문을 정확하게 합니다.

3) 한 사람씩 돌아가면서 질문을 합니다.

4) 질문에 정답을 말하면 칭찬해 줍니다.

5) 질문에 오답을 말한 사람에게는 친절하게 수고했다고 하고 정답을 말해줍니다.

6) 본문에 충실합니다.

7) 정해진 시간 안에 마칩니다.

4. 말씀사역 인도자가 할 일

1) 떨지 말고 차분하게 합니다.

2) 목장원 전원이 말씀을 통해서 은혜 받도록 인도합니다.

3) 말씀이 목장원의 마음속에 새겨지도록 인도합니다.

4) 말씀을 실천하도록 코치합니다.

5) 끝날 때 그날 말씀을 가지고 꼭 기도하도록 합니다.

5. 말씀사역 훈련하기

1) 말씀을 읽게 합니다.

2) 말씀의 질문에 답을 달아 왔는지 확인합니다.

3) 말씀의 답을 돌아가면서 질문합니다.

4) 말씀의 답을 정확하게 설명합니다.

5) 말씀을 실천하기 위한 기도를 인도합니다.

◐ 과제물 ◑

1. 평소에 유머를 자주 사용하고 있습니까?

2. 유머 5개를 적어 오십시오.

제8과

유머 훈련

암송구절

(잠 25:11) "경우에 합당한 말은 아로새긴 은 쟁반에 금 사과니라"

친숙하기를 잘 하려면 어느 정도 유머를 할 줄 알아야 합니다. 유머를 잘 하는 사람은 재미있는 주제를 선정할 수 있습니다. 또 여러 사람의 대답을 유머로 구상해 말하므로 분위기를 향상시키고, 순간적으로 모두를 즐겁고 행복하게 하는 것입니다. 그러므로 지도자는 유머를 할 줄 알아야 합니다. 그러면 훌륭한 대인관계를 만들 수 있습니다.

한국 사람은 보편적으로 유머가 없습니다. 그래서 대인관계를 맺을 때 딱딱한 분위기속에서 꼭 필요한 말도 하지 못하는 경우가 있습니다. 이것은 유교적 사상과 오래된 습관 때문입니다. 이제는 고쳐야 합니다. 자신의 성품을 부드럽고 자연스러우며 사람들과 관계를 잘 맺도록 좋은 인상을 주는 성품으로 전환해야 합니다.

누구든지 할 수 있습니다. 변하겠다는 마음과 노력만 있으면 가능합니다. 그러면 유머를 배울 수 있고, 노력해서 자주 사용하면 약간의 시간이 지난 후에는 어디에서나 자신 있게 사람들과 어울리고 대화하는 지도자가 되어 있을 것입니다. 유머는 자신을 성장시키는 것입니다. 그러므로 두려워하지 말고 열심히 배우시기를 바랍니다.

교회에서 목자로서 멋있는 지도자가 되기 위해서는 유머를 할 줄 알아야 합니다. 주변에 있는 소재들로 자연스럽게 구상하고 표현할 수 있을 때까지 연습하면 됩니다. 이 과정을 이수하는 분들은 틀림없이 유머를 잘 하여 친숙하기를 능수능란하게 하는 분들이 될 것입니다.

1. 유머가 없는 사람

1) 유머가 없어서 딱딱하게 느껴집니다.
2) 유머가 없으면 착해도 오해를 받는 일이 있습니다.
3) 유머가 없으면 얼굴이 무표정하게 됩니다.
4) "화 났어요?" 하는 말을 자주 듣게 됩니다.
5) 유머가 없으면 삶의 재미가 적습니다.
6) 다른 사람들과 잘 어울리거나 사귀지 못합니다.

2. 유머를 자주하면 좋은 점

1) 유머를 하게 되면 웃는 얼굴로 변합니다.

2) 유머를 하게 되면 마음이 넓어집니다.

3) 유머를 하게 되면 다른 사람에게 웃음을 주어 행복하게 합니다.

4) 다른 사람이 좋아 하는 것을 보고 자신도 행복해집니다.

5) 유머를 하게 되면 두뇌가 발달합니다.

6) 유머를 하면 심각한 문제도 가볍게 생각되어집니다.

7) 유머를 하면 대인관계를 잘 맺게 됩니다.

8) 유머를 하면 친숙하기를 잘 하게 됩니다.

3. 유머를 잘 하려면 어떻게 해야 합니까?

1) 유머에 관련된 책을 읽어야 합니다.

2) 책에 있는 내용을 적어서 다른 사람에게 사용해 보아야 합니다.

3) 말을 재미있게 하는 법을 연습해야 합니다.

4) 일상생활 속에서 유머를 찾아야 합니다.

5) 유머를 만들어 보아야 합니다.

6) 처음에는 잘 못해도 지속적으로 유머를 사

용하면 자연스럽게 할 수 있습니다.

4. 유머를 할 때 주의사항

1) 개인의 인격을 건드리는 유머는 하지 말아야 합니다.

2) 농담 같은 유머는 하지 말아야 합니다.

3) 성적인 것을 자극하는 유머는 하지 말아야 합니다.

4) 상대방을 기분 나쁘게 하는 유머는 하지 말아야 합니다.

5) 쌍스런 유머도 하지 말아야 합니다.

6) 유머를 너무 자주 사용하면 사람이 가볍게 느껴집니다.

7) 유머는 분위기와 환경에 맞게 적절하게 사용해야 합니다.

5. 유머 연습

1) 알고 있는 유머가 몇 개나 됩니까?

2) 유머를 나와서 해 보십시오.

3) 유머를 5개씩 적어 보십시오.

◐ 과제물 ◑

1. 1년에 몇 명이나 전도하여 교회에 등록시켰습니까?

2. 지금까지 어떤 방법으로 전도하였습니까?

3. 쉽고 좋은 전도 방법이 있으면 적어 주십시오.

제9과

전도 훈련

암송구절

(골 4:3) "또한 우리를 위하여 기도하되 하나님이 전도할 문을 우리에게 열어 주사 그리스도의 비밀을 말하게 하시기를 구하라 내가 이 일 때문에 매임을 당하였노라"

목자는 목장원들의 영적인 지도자입니다. 그러므로 영적인 생활의 본을 보이고 또한 가르치고 교훈을 주는 사람이 되어야 합니다. 그렇게 하려면 신앙생활에 본을 보이며 교훈해야 권위가 섭니다. 만약 본을 보이지 않으면서 목장원에게 교훈하면 뒤에서 비웃을 수도 있습니다. 그러므로 목자로 임명 받은 날부터 열심히 기도하고 노력해야 합니다. 그래서 자신의 신앙이 점점 진보되는 모습이 나타나야 합니다.

사도 바울은 디모데에게 (딤전 4:15) "이 모든 일에 전심전력하여 너의 성숙함을 모든 사람에게 나타나게 하라"고 당부하였습니다. 목자들은 목장을 이끌어나가는데 필요한 일들을 배우고 목장원보다는 잘 하는 사람이 되어야 합니다. 그래야 목자의 권위가 세워집니다.

특히 목자는 전도에 본을 보여야 합니다. 목자가 전도를 쉽고 능숙하게 잘 하면 목장원들에게 자신감을 가지고 말할 수 있습니다. 또 목장원들도 목자의 전도 잘 함을 보고 감탄하며 배우고 싶어 합니다. 이렇게 전도는 목자에게 유익을 주는 것입니다. 그러므로 목자는 전도를 잘 하는 사람이 되어야 합니다.

누구든지 노력하면 못 할 것이 없습니다. 하물며 기도하면서 하나님의 도움을 받아 전도한다면 말할 것도 없습니다. 전도를 쉽게 잘 할 수 있습니다. 꼭 하려는 마음만 있으면 주변에 전할 사람은 많습니다.

1. 목장의 지도자는 전도할 줄 알아야 합니다.

1) 진정한 리더는 모든 면에서 본을 보이는 사람입니다.

2) 목자는 지도자로서 전도의 본을 보여야 합니다.

3) 최고의 리더십은 본을 보이는 리더십입니다.

2. 목자는 주변의 이웃에게 전도할 수 있습니다.

1) 예수님 전도법대로 불신자의 이름을 부르며 마귀와 귀신을 쫓아내십시오.

병자를 만나면 무조건 붙잡고 기도해 주십시오.

이와 같은 일이 성공적으로 이루어지도록 하루 2시간 이상 기도하십시오.

(막 9:29) "이르시되 기도 외에 다른 것으로는 이런 종류가 나갈 수 없느니라 하시니라"

기도를 많이 하면 능력을 받고 마귀와 귀신을 이기게 되므로 복이 됩니다.

자신의 집에 있는 마귀와 귀신을 물리칩니다. 자신의 육체 속에 있는 마귀와 귀신을 물리치고 이기게 됩니다.

2) 평안과 축복을 빌어주십시오.

전도하기 전 불신자의 구원을 놓고 평안을 빌어주고 축복기도 하십시오.

전도 대상자의 집 대문에 손을 대고 축복기도 하십시오.

그 집이 문을 열고 영접하면 들어가서 기도하고 복음을 전하십시오.

거절하면 실망하지 말고 즉시로 "하나님 순종하였습니다. 그러니 복 받았습니다"라고 외치십시오. 성도들의 믿음대로 될 것입니다.

돌아와서 보고할 때 "오늘 몇 번 복 받았습니다"라고 보고하십시오. 다른 사람에게는 힘을 주고 자신은 더 큰 복을 받게 될 것입니다.

3) 하나님의 집을 만드십시오.

불신자의 집을 하나님의 집으로 만드십시오.

불신자에게 기도를 하도록 주문하십시오.

불신자에게 소원을 놓고 매일 한 번씩 기도하면 이루어진다고 하십시오.

불신자가 매일 기도하는지 점검하십시오.

불신자의 마음속에 성령님이 임하고 마귀와 귀신이 떠나갑니다.

자신의 심령 속에 성령님이 임하여 계십니다. 자신의 집과 심령이 하나님의 집이 됩니다.

4) 돈을 사용하십시오.

돈은 사용하기에 따라 많은 유익을 줍니다.

돈을 사람을 살리는데 사용하면 복을 받습니다.

1년에 한 번 정도는 돈을 사용해서라도 전도하여 교회에 불신자를 등록시켜야 합니다. 성도들이 전도를 안 하려고 하니까 못 하는 것입니다. 정말로 전도하려고 하면 돈을 사용해서라도 할 수 있습니다.

하나님이 주신 돈을 복음 전하는데 사용한다면 하늘에서 상급이 주어집니다.

목자는 돈을 사용해서라도 전도해야 합니다.

목자가 본을 보이면 목장원들도 따라서 합니다.

목자가 전도하면 목장원들에게 전도를 가르쳐 줄 수 있습니다.

목자가 전도하면 목장이 부흥합니다.

5) 전도하기 위해서 이웃과 만남을 가져야 합니다.

이웃과 만나려면 예수님 관계 맺는 법을 사용하면 됩니다. 처음 만나는 사람을 친한 사람으로 만들어야 합니다. 친한 관계로 만들려면 예수님의 "주라"를 사용하면 됩니다.

주변의 구면인 사람에게는 예수님의 "대접하라"를 사용하면 됩니다. 도울 일이 있는 사람들에게는 예수님의 "섬기라"를 사용하면 됩니다. 외로운 사람들에게는 예수님의 "사랑하라"를 사용하면 됩니다.

마지막으로 매일 기도할 것을 부탁하십시오.

3. 맞춤법 전도지 훈련

1) 누구를 만나든지 두려움이 없이 전도할 수 있어야 합니다.

2) 자신이 알고 있는 전도 방법을 모두 사용하십시오.

3) 불신자에게 전도할 말을 항상 준비하고 다니십시오.

4) 맞춤법 전도지를 많이 사용하십시오.

5) 맞춤법 전도지의 내용을 숙지하고 전문가가 되십시오.

◐ 과제물 ◑

1. 신앙생활하면서 코치를 받아 본 적이 있으면 언제, 어디서, 어떻게 받았는지 적어 주십시오.

2. 신앙생활 코치를 받아 유익하였습니까?

3. 다른 사람을 코치한 적이 있다면 언제, 어디서, 어떻게 하였습니까?

4. 코치를 받는 사람이 빨리 변화되고 성장한다고 생각하십니까?

제10과

코치 훈련

암송구절

(딤후 2:2) “또 네가 많은 증인 앞에서 내게 들은 바를 충성된 사람들에게 부탁하라 그들이 또 다른 사람들을 가르칠 수 있으리라”

다른 사람을 코치한다는 것은 어려운 일입니다. 그 분야에 경험이 풍부하고 전문적인 훈련이나 지식을 가지고 있는 사람이 하는 일입니다. 목자가 다른 사람을 코치한다는 것도 마찬가지입니다. 목자는 자기 분야에 전문가가 되어야 하며, 경험이 풍부하고 전문적인 훈련이나 지식을 가지고 있어야 합니다. 모든 교회가 목자를 전문가로 훈련하여 임명하였다면 각 교회는 빠른 속도로 부흥하고 성장하여 더 큰 하나님의 일을 하였을 것입니다.

지금도 늦지 않았습니다. 건물을 짓는 것보다 사람을 훈련하고 전문가로 만드는 일을 해야 합니다. 그래서 짧은 시간에 성도들을 리더로 만들고, 또 교육과 훈련을 통해 코치하는 사람으로 변화시켜 복음전파와 전도자로 만들어야 합니다.

이렇게 함으로 인해 얼마 안 가서 교회에 복음 전파자와 전도자가 많아져서 자동으로 재생산이 되며, 많은 영혼을 구원하고 교회는 부흥하게 될 것입니다. 사람을 교육하고 훈련하는 것은 매우 중요하고 급한 일입니다. 모든 교회가 이러한 시스템을 갖춘다면 하나님 나라는 빠른 속도로 퍼져나가 세상을 점령할 것입니다.

각 교회는 사람을 교육하고 훈련하는 일에 투자를 해야 합니다. 그리고 목자들도 사람을 교육하고 훈련하는 일에 시간과 돈을 투자해야 합니다.

1. 목자는 목장원을 코치해야 합니다.

1) 예수님은 다른 사람을 가르쳐서 지키게 하라고 말씀하셨습니다.

다른 사람을 코치하여 그 사람도 제자로 삼으라는 말씀입니다. 마태복음 28장 19절에서 20절에 "[19] 그러므로 너희는 가서 모든 민족을 제자로 삼아 아버지와 아들과 성령의 이름으로 세례를 베풀고 [20] 내가 너희에게 분부한 모든 것을 가르쳐 지키게 하라 볼지어다 내가 세상 끝날까지 너희와 항상 함께 있으리라 하시니라"고 말씀하십니다.

2) 목자는 예수님의 말씀에 순종해야 복을 받습니다.

3) 사람을 가르쳐 예수님의 제자로 성장시키는 일은 세상에서 가장 보람된 일입니다.

그러므로 기쁨으로 해야 합니다.

4) 목자가 훗날에 자신의 인생을 뒤돌아 볼 때 가장 크게 만족을 느끼는 일은 예수님의 훌륭한 제자를 많이 만들어 놓은 것입니다.

5) 자신이 세운 제자는 예수님의 제자도 되지만 자신의 제자도 됩니다.

6) 하나님 앞에 가서 칭찬받는 일도 영혼을 구원한 일입니다.

7) 전도한 일보다 더 크게 칭찬을 받고 큰 상급을 받는 일은 예수님의 제자를 많이 세워 그들이 전도자나 다른 사람을 양육하는 자, 다른 사람을 코치하여 하나님의 복음을 전파하는 자로 만든 일입니다.

8) 지혜로운 자는 미래를 내다보고 삽니다.

자신이 가르친 사람이 하나님의 일꾼이 되어 많은 사람을 양육하는 쓰임 받는 성도가 된다는 생각을 해 보십시오. 미래를 바라보는 지혜로운 사람이 되기를 원합니다.

2. 목자의 코치 사명

1) 목자는 코치 사명을 가져야 합니다.

2) 힘들어도 감당하겠다는 믿음이 있어야 합니다.

3) 자신의 일이 아니라 하나님의 일이라는 것을 명심하십시오.

4) 다른 사람을 세우는 것을 기쁨으로 여겨야 합니다.

3. 일대일로 목장원 코치 방법

1) 일대일로 장소와 시간을 정하고 만납니다.

2) 피교육자에게 가르치고자 하는 것을 한번 해 보게 합니다.

3) 그 사람의 실력을 어느 정도 알았으면 잘못된 것을 시정해 주고 다시 해 보게 합니다.

4) 잘 될 때까지 반복 훈련을 시킵니다.

4. 그룹으로 코치하는 방법

1) 시간과 장소를 정합니다.

2) 그룹원 중에 한 사람을 선택하여 가르치고

자 하는 것을 해 보게 합니다.

3) 잘못된 것을 시정해 주고 다시 해 보게 합니다.

4) 다른 그룹원들은 이 과정을 지켜보면서 자신의 것을 수정합니다.

5) 처음 한 사람이 어느 정도 시정되었으면 다른 사람을 선택하여 하게 합니다.

6) 그 다음은 앞 사람과 동일하게 합니다.

5. 코치할 때 주의 사항

1) 이론보다는 실습을 위주로 해야 합니다.

2) 코치할 때 상대방의 감정을 살펴보고 좋을 때 시켜야 합니다.

3) 코치할 때 상대방의 인격에 손상을 주는 말을 하지 않도록 조심해야 합니다.

4) 피교육자가 못해도 무시하지 말고 노력하면 된다고 말해 주어야 합니다.

5) 코치는 차분하게 그리고 인내심을 가지고 해야 합니다.

6) 코치 자신도 처음부터 잘하지 못했다는 것을 인식하십시오.

7) 자신의 실력 향상을 위해서 항상 연습하고 노력하십시오.

6. 코치는 재생산하는 시스템으로 교육할 것

1) 복음전파의 재능과 기술을 자신만 알고 있어서는 안 됩니다.

2) 다른 사람에게 교육하고 그 사람이 또 다른 사람에게 전달하도록 교육해야 합니다.

3) 하나님의 뜻을 이루기 위해서는 지속적으로 재생산이 되도록 교육해야 합니다.

4) 사람을 교육하고 훈련하는 일에 시간과 돈을 투자해야 합니다.

5) 잘 훈련된 한 사람이 많은 사람을 구원할 수 있다는 믿음으로 해야 합니다.

6) 인재를 발굴하고 코치하면 큰 인물이 만들어집니다.

양육교재

인간의 삶

값 3,500원

인간이 고통을 당하는 이유를 성경을 통해 명확하게 알려주며 자신의 모습을 돌아보게 합니다.

새로운 삶

값 3,500원

하나님을 알고 살아가는 삶이 새로운 삶임을 깨닫게 하며, 가르치는 자와 배우는 자가 동일하게 세워지도록 합니다.

제자의 삶

값 3,500원

예수님의 진정한 제자는 어떻게 살아야 하는가를 성경적으로 권면합니다.

축복의 삶

값 3,500원

하나님의 자녀로서 축복받는 삶이 무엇인가를 배우며 기쁨과 감사함으로 살아가게 합니다.

기도학교

값 3,500원

기도에 대해서 알고 싶어하고 배우고 싶어하는 성도들을 위해 하나님께서 들어주시는 올바른 기도를 가르쳐 줍니다.

새가족학교

값 3,500원

교회에 나오는 새가족들이 궁금해 하는 모든 내용들을 정리하여 그들의 궁금증을 해결해 주어 정착하도록 돕습니다.

전인치유학교

값 4,500원

중원교회 장년 교구에서 직접 성도를 훈련시키며, 이론이 아닌 실습을 통해 현장에 꼭 맞는 교재로 발전시켜 놓았습니다.

많은 노력과 시행착오를 거치며 계속 발전시켜 한국교회에 맞게 성공적인 훈련교재를 만들게 되었습니다.

성경적 전인치유학교

리더용 / 성도용 값 8,000원 / 값 4,500원

'어떻게 하면 하나님이 사람을 치료하는 것을 찾아볼까?' 하는 고민 중에 본 치유 프로그램이 만들어졌습니다. 이 치유 프로그램은 성경적인 치유를 전제로 만들어졌습니다. 인본적인 치유가 아니라 성경적인 치유 프로그램인 것입니다.

목자예비학교

값 4,500원

평신도 리더로서 사역할 수 있도록 모든 소그룹 인도 방법을 자세하게 가르쳐 줍니다.

전도학교 (예수전도법)

값 3,500원

예수전도법을 통하여 불신자를 전도하는 모든 방법을 가르쳐 전도는 누구나 할 수 있다는 자신감을 갖게 합니다.

교회학교 양육교재

인간의 삶 (교회학교)
값 3,500원

새로운 삶 (교회학교)
값 3,500원

제자의 삶 (교회학교)
값 3,500원

축복의 삶 (교회학교)
값 3,500원

새가족학교 (교회학교)
값 4,500원

단행본들…

세계교회는 십자가의 길로 간다 값 8,000원

십자가의 길은 독자들에게 비전과 소망을 줄 것입니다. 목회의 목마름을 해갈해 줄 것입니다.
아울러 본 저서는 목회를 잘 해 보고자 하는 열심있는 목회자들과 목회에 지친 분들에게 새 힘을 불어넣는 좋은 책이 될 것입니다.

당신도 훌륭한 목회를 할 수 있다(상)(하) 값 10,000원

목회를 하면서 많은 시행착오를 겪었다. 누군가 코치를 해 주는 사람이 있었으면 좋았을텐데 불행히도 없었다. 어려운 문제가 생길 때마다 좌절도 하고 낙심도 하면서 하나님께 기도하여 문제를 풀어 나갔다. 다행이 하나님께서 해결해 주셔서 어려운 목회 문제를 풀 수 있었다. 그리고 많은 은혜를 주셨다. 이 책이 나와 같은 목회자들에게 도움이 되었으면 좋겠다.

예수그리스도께서 가르쳐 주신 기도와 능력 값 5,000원

기도하는 많은 사람들을 새로운 기도의 세계로 인도할 것입니다. 주님이 가르쳐 주신 기도순서로 기도하면 깊은 영성을 소유하게 될 것입니다. 그리고 절대로 잘못된 기도는 하지 않게 될 것입니다. 또 놀라운 영적 경험을 하게 될 것입니다.
자신이 변화하는 것을 느끼게 되며, 치유의 역사가 속에서 일어나는 것을 느낄 것입니다.

기도훈련집 1, 2

- 값 6,000원
- 값 3,000원

이 기도문은 그리스도께서 하신 기도입니다. 지금까지 자기 욕심을 이루려는 기도를 드렸고 하나님을 괴롭게 하는 기도를 드렸음을 발견하게 될 것입니다. 또한 자신의 영혼이 깨끗해지고 마음이 청결해지는 것을 느끼게 될 것입니다.

교회건강검진 값 10,000원

건강한 교회와 성장하는 교회는 다른 시각으로 보아야 합니다. 건강하지 못해도 성장하는 교회가 있습니다. 이런 교회는 바람직하지 못합니다. 교회는 하나님 보시기에 건강해야 하고 또 성장해야 합니다. 그러기 위해서 검사 방법이 정확해야 합니다. 여기에 그 방법을 소개합니다.

폭발적 목장영적추수행사 값 3,500원

목장영적추수행사는 좀 더 체계적으로 훈련하여 성도의 생각을 바꾸고 생활 속에서 신앙적으로 전도 활동과 목장 집회를 갖도록 하는 획기적인 책입니다.
이 책이 제시하는 대로 시행한다면 누구든지 전도를 할 수 있으며 목장도 활성화되는 결과를 얻게 될 것입니다.

52주 목장집회 1, 2 각 값 6,000원

예배는 구원 받은 사람들이 하나님을 경외하는 것입니다. 집회는 사람들이 모여서 하나님의 은혜 받기를 사모하는 것입니다. 예배와 집회는 전혀 다른 성격을 띠고 있습니다. 목장 집회는 하나님의 은혜를 받기 위한 특별한 모임입니다. 목장 집회의 중요한 리더 만들기와 기도 셀, 사랑의 실천, 불신자를 위한 모임 등을 실천하도록 하였습니다.

생명을 얻는 길(상) 값 2,500원

태신자의 눈높이에 맞춘 맞춤식 양육 교재입니다. 철저히 태신자의 입장에서 그들의 문제를 해결하고 있는 것이 본서의 특징입니다. 또한 기존 성도들도 태신자를 양육하면서 은혜 받고 하나님이 원하시는 신앙으로 바뀌게 됩니다.
'생명을 얻는 길'은 미니 전도지와 함께 사용하면 양육 효과가 더욱 크게 나타납니다.

영혼의 찬양 값 5,500원

십자가선교센터에서 선정한 200곡의 주옥같은 찬양을 수록하였습니다.

새벽빛 저미는 가슴으로(시집) 값 10,000원

김경희 지음

하루를 여는 첫 시간, 말씀 앞에 무릎 꿇고 음성 듣기를 20여 년의 세월…
나의 하나님의 크신 사랑을 경건의 일기에 담아 오던 중 중원교회에서 십자가의 길을 가며 새벽마다 주시는 주옥같은 말씀에 은혜 받고 글을 쓰다가 권영구 목사님의 추천과 기도의 후원으로 시를 모아봅니다.

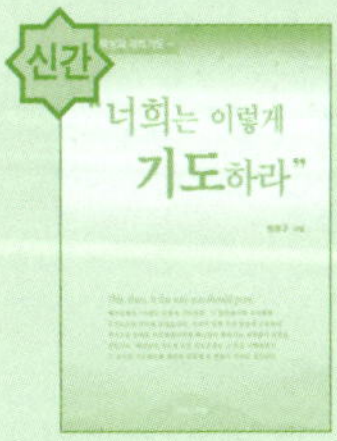

너희는 이렇게 기도하라 값7,000원

하루를 여는 새벽시간 개인적으로 읽고 묵상하며 경건의 시간을 갖도록 되어 있습니다. 교회에서 21일 특별 새벽기도회 기간에 활용하시면 큰 은혜의 시간이 될 것입니다.

유아세례 학습서 값8,000원

아이들에게 있어 부모의 신앙은 매우 중요합니다. 그 이유는 아이들이 부모의 신앙을 그대로 배우기 때문입니다. 그러므로 유아 세례를 줄 때 부모를 함께 철저하게 교육시킬 필요가 있습니다.

맞춤전도지

현대인들은 매우 바쁘고 복잡하게 살아갑니다. 그들에게 복음을 전하기란 쉽지 않습니다. 이와 같은 문제점을 해결하고자 **도서출판 중원 C.M.C.**에서는 **5분 안**에 **어느 누구**에게든지 **시간과 장소에 국한되지 않고 복음**을 전하는 **맞춤 전도지**를 만들었습니다. 하나님의 나라가 우리나라 가운데 임하길 기도드립니다.

1 복된 소식

값 300원

죄의 문제 해결과 구원에 대한 진리를 선포하고 있습니다.

2 5분 복음제시

값 300원

죄의 문제 해결과 하나님을 믿으면 좋은 것에 대하여 설명합니다.

3 인생을 아십니까?

값 300원

인생무상과 가치있는 삶에 대한 해결책을 제시합니다.

4 도를 아십니까?

값 300원

사람이 가야 할 참된 인생의 길과 후회없는 삶을 제시합니다.

5 사람은 왜 고난이 많습니까?

값 300원

사람의 고난과 고통의 문제에서 벗어나 평안하게 사는 길을 제시합니다.

6 질병이 치료됩니다

값 300원

질병에서 벗어나 기적을 경험하는 삶을 제시합니다.

7 자신의 미래를 아십니까?

값 300원

사람은 자신의 미래에 대해서 궁금해 합니다. 그 미래에 대한 명쾌한 해답을 제시합니다.

8 인생문제해결을 원하십니까?

값 300원

모든 사람은 문제를 안고 살아갑니다. 문제 해결과 축복의 삶을 제시합니다.

9 교회를 쉬고 계십니까?

값 300원

신앙생활을 하다 여러가지 시험과 문제로 교회를 쉬고 계십니까? 하나님께서는 첫사랑을 회복하기를 원하십니다.

10 어떤 종교를 가지고 계십니까?

값 300원

어떤 종교를 가지고 있느냐에 따라서 사후의 삶이 달라집니다. 참 종교의 길을 제시합니다.

신간 소개

십자가의 길 생활 시리즈(중급반)

교회생활 …값 3,500원

가정생활 …값 3,500원

헌신생활 …값 5,000원

복된생활 …값 5,000원

목자학교 …값 4,000원

성품치유학교 …값 5,000원

지도자훈련학교 값 5,000원

열린전도학교 …값 미정

중원 C.M.C. 홈페이지 http://www.cross9191.com
02)2617-2044, 2685-0423